escola - la escuela — 2
viagem - el viaje — 5
transporte - el transporte — 8
cidade - la ciudad — 10
paisagem - el paisaje — 14
restaurante - el restaurante — 17
supermercado - el supermercado — 20
bebidas - las bebidas — 22
comida - la comida — 23
quinta - la granja — 27
casa - la casa — 31
sala de estar - la sala — 33
cozinha - la cocina — 35
casa de banho - el cuarto de baño — 38
quarto de criança - la habitación de los niños — 42
vestuário - la ropa — 44
escritório - la oficina — 49
agricultura - la economía — 51
profissões - los oficios — 53
ferramentas - las herramientas — 56
instrumentos musicais - los instrumentos musicales — 57
jardim zoológico - el zoo — 59
desporto - los deportes — 62
atividades - las actividades — 63
família - la familia — 67
corpo - el cuerpo — 68
hospital - el hospital — 72
emergência - la urgencia — 76
terra - la tierra — 77
relógio - hora(s) — 79
semana - la semana — 80
ano - el año — 81
formas - las formas — 83
cores - colores — 84
opostos - los opuestos — 85
números - los números — 88
idiomas - los idiomas — 90
quem / o quê / como - quién / qué / cómo — 91
onde - dónde — 92

Impressum
Verlag: BABADADA GmbH, Nedderfeld 112 , 22529 Hamburg
Geschäftsführer / Verlagsleitung: Harald Hof
Druck: Books on Demand GmbH, In de Tarpen 42, 22848 Norderstedt

Imprint
Publisher: BABADADA GmbH, Nedderfeld 112 , 22529 Hamburg, Germany
Managing Director / Publishing direction: Harald Hof
Print: Books on Demand GmbH, In de Tarpen 42, 22848 Norderstedt, Germany

escola
la escuela

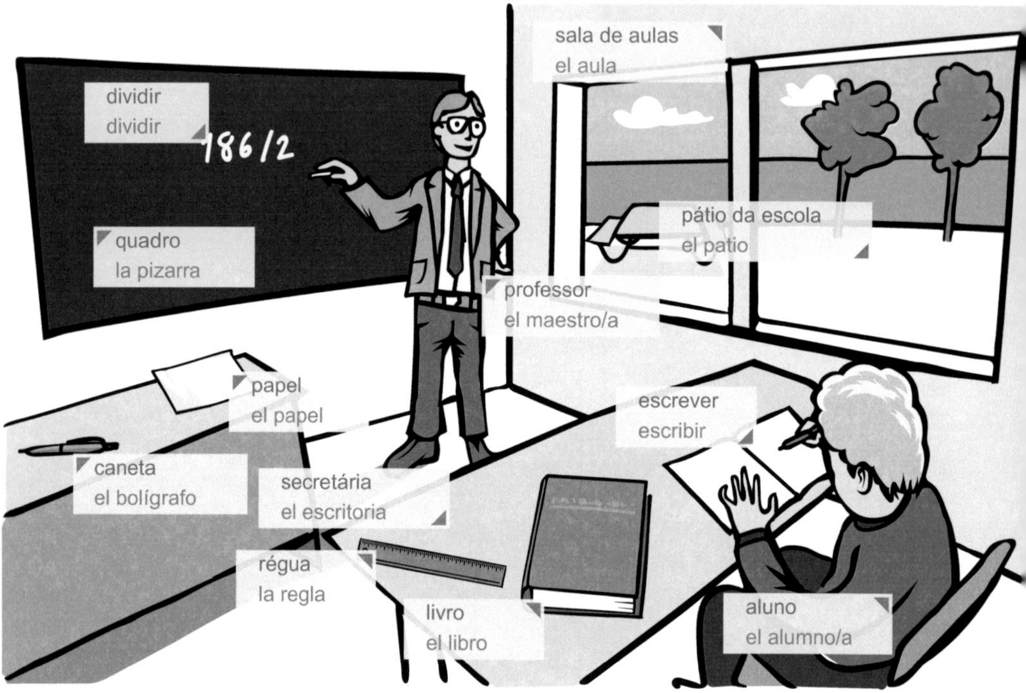
sala de aulas
el aula
dividir
dividir
186/2
quadro
la pizarra
pátio da escola
el patio
professor
el maestro/a
papel
el papel
escrever
escribir
caneta
el bolígrafo
secretária
el escritoria
régua
la regla
livro
el libro
aluno
el alumno/a

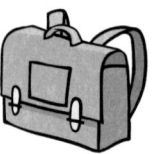

mochila
la cartera

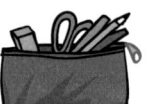

estojo de lápis
la caja de lápices

lápis
el lápiz

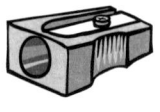

afia-lápis
el sacapuntas

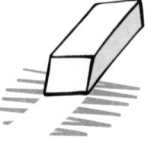

borracha
la goma de borrar

bloco de desenho
el cuaderno de dibujo

desenho

el dibujo

pincel

el pincel

caixa de tintas

la caja de pinturas

tesoura

las tijeras

cola

el pegamento

livro de exercícios

el cuaderno de ejercicios

trabalhos de casa

los deberes

número

el número

somar

sumar

subtrair

restar

multiplicar

multiplicar

calcular

calcular

letra

la letra

alfabeto

el alfabeto

palavra

la palabra

texto

el texto

ler

leer

giz

la tiza

hora

la lección

registo de presenças

el cuaderno de notas

exame

el examen

certificado

el certificado

uniforme escolar

el uniforme

educação

la educación

enciclopédia

la enciclopedia

universidade

la universidad

microscópio

el microscopio

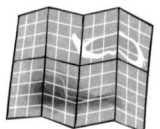

mapa

el mapa

cesto de lixo

la papelera

viagem
el viaje

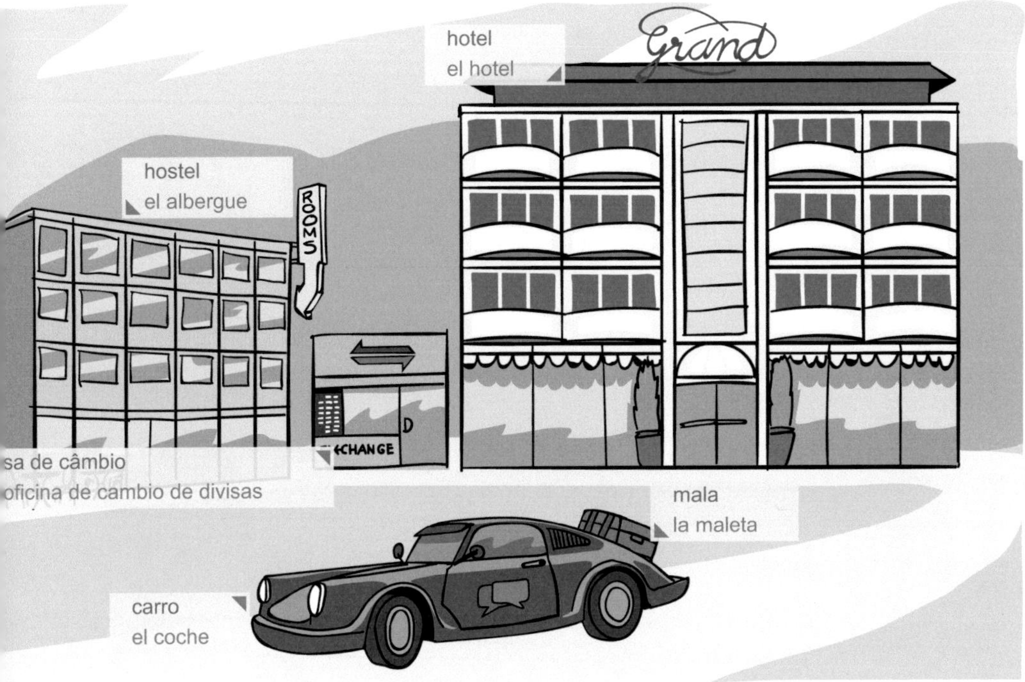
hotel
el hotel
Grand
hostel
el albergue
ROOMS
EXCHANGE
sa de câmbio
oficina de cambio de divisas
mala
la maleta
carro
el coche

idioma

el idioma

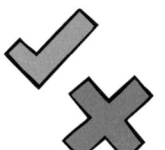

sim / não

sí / no

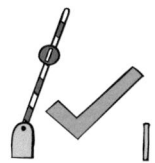

ok / certo / correto

Vale

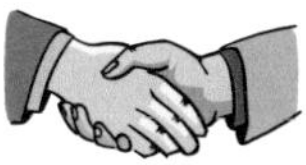

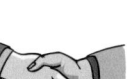

olá

hola

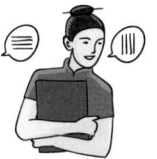

intérprete

el traductor

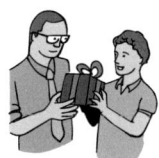

obrigado

Gracias

quanto é que custa... ?

¿cuánto es…?

não entendo

No entiendo

problema

el problema

boa noite!

¡Buenas tardes!

Bom dia!

¡Buenos días!

Boa noite!

¡Buenas noches!

adeus

adiós

direção

la dirección

bagagem

el equipaje

saco

la bolsa

mochila

la mochila

convidado

el invitado

quarto

la habitación

saco-cama

el saco de dormir

tenda

la tienda de campaña

informação turística

la información turística

praia

la playa

cartão de crédito

la tarjeta de crédito

pequeno-almoço

el desayuno

almoço

el almuerzo

jantar

la cena

bilhete

el billete

elevador

el ascensor

selo postal

el sello

fronteira

la frontera

alfândega

la aduana

embaixada

la embajada

visto

la visa

passaporte

el pasaporte

transporte
el transporte

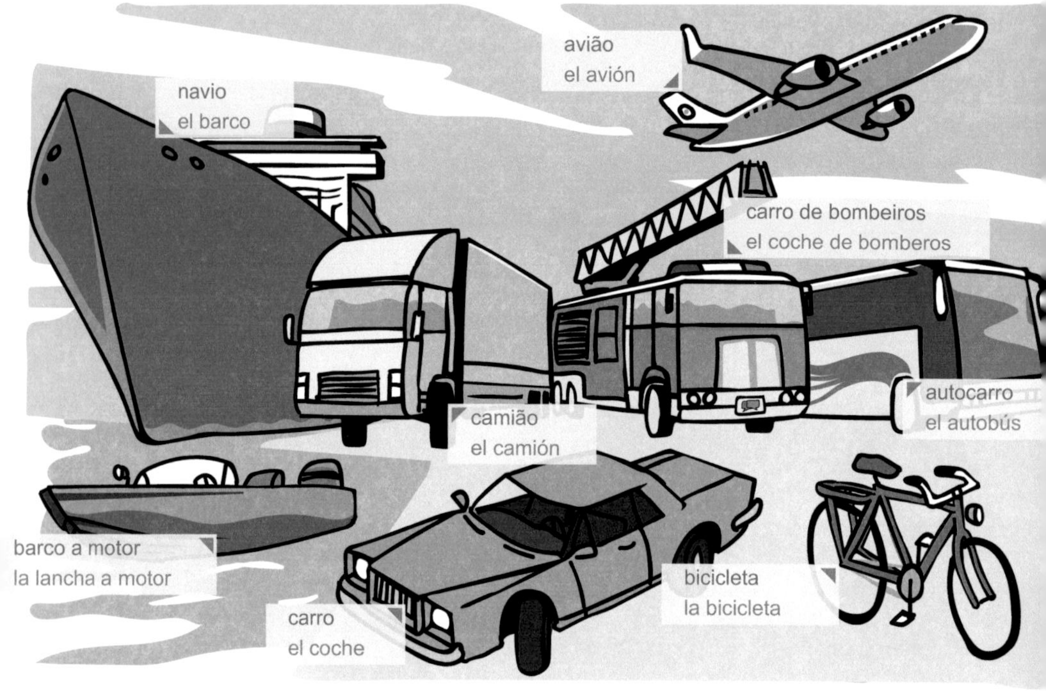
avião
el avión
navio
el barco
carro de bombeiros
el coche de bomberos
autocarro
el autobús
camião
el camión
barco a motor
la lancha a motor
bicicleta
la bicicleta
carro
el coche

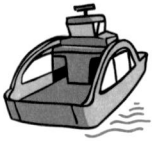

cacilheiro
el transbordador

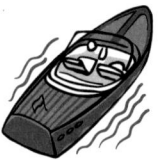

barco
la barca

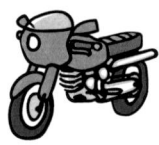

mota
la moto

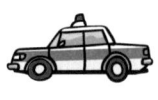

carro de polícia
el coche de policía

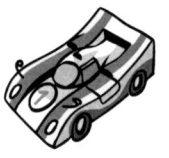

carro de corrida
el coche de carreras

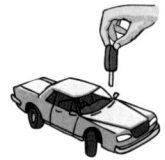

carro alugado
el coche de alquiler

carsharing

el préstamo de vehículos

camião de reboque

la grúa

camião do lixo

el camión de la basura

motor

el motor

combustível

la gasolina

estação de serviço

la gasolinera

sinal de trânsito

la señal de tráfico

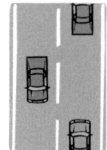

trânsito

el tráfico

congestionamento de trânsito

el atasco

parque de estacionamento

el aparcamiento

estação ferroviária

la estación de tren

carris

las vías

comboio

el tren

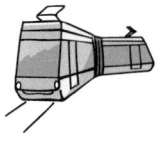

elétrico

el tranvía

carruagem

el vagón

helicóptero

el helicóptero

aeroporto

el aeropuerto

torre

la torre

passageiro

el pasajero

contentor

el contenedor

caixa de papelão

la caja de cartón

carrinho

la carretilla

cesto

la cesta

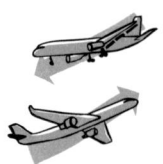

levantar voo / aterrar

despegar / aterrizar

cidade
la ciudad

aldeia

el pueblo

centro da cidade

el centro de la ciudad

casa

la casa

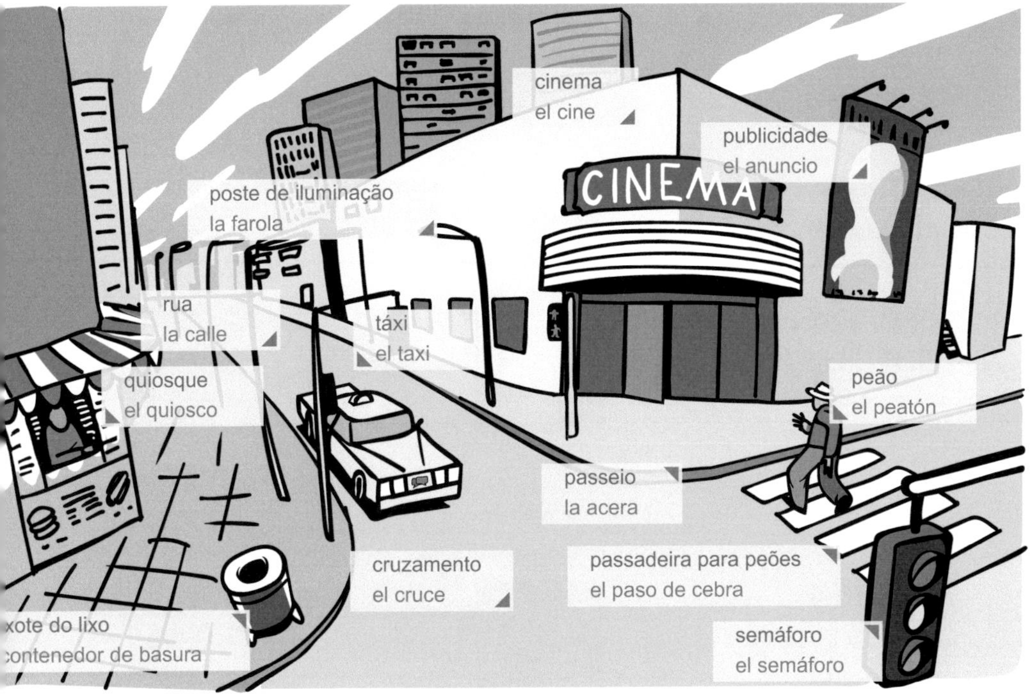

cinema
el cine

publicidade
el anuncio

poste de iluminação
la farola

rua
la calle

táxi
el taxi

quiosque
el quiosco

peão
el peatón

passeio
la acera

cruzamento
el cruce

passadeira para peões
el paso de cebra

xote do lixo
contenedor de basura

semáforo
el semáforo

cabana

la cabaña

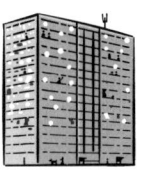

apartamento

el apartamento

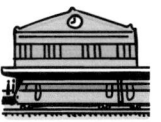

estação ferroviária

la estación de tren

câmara municipal

el ayuntamiento

museu

el museo

escola

la escuela

universidade

la universidad

banco

el banco

hospital

el hospital

hotel

el hotel

farmácia

la farmacia

escritório

la oficina

livraria

la librería

loja

la tienda de campaña

florista

la floristería

supermercado

el supermercado

mercado

el mercado

loja de departamentos

los grandes almacenes

peixaria

la pescadería

centro comercial

el centro comercial

porto

el puerto

parque

el parque

banco

el banco

ponte

el puente

escadas

las escaleras

metro

el metro

túnel

el túnel

paragem de autocarro

la parada de autobús

bar

el bar

restaurante

el restaurante

caixa de correio

el buzón

sinal de trânsito

el poste indicador

parquímetro

el parquímetro

jardim zoológico

el zoo

piscina

la piscina

mesquita

la mezquita

quinta
la granja

poluição
la contaminación

cemitério
el cementerio

igreja
la iglesia

parque infantil
el patio de juego

templo
el templo

paisagem
el paisaje

folha
la hoja

placa de sinalização
la señal

caminho
el camino

prado
el prado

pedra
la piedra

árvore
el árbol

caminhantes
el excursionista

rio
el río

relva
la hierba

flor
la flor

vale

el valle

montanha

la colina

lago

el lago

floresta

el bosque

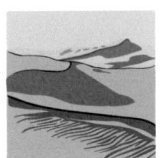

deserto

el desierto

vulcão

el volcán

castelo

el castillo

arco-íris

el arcoíris

cogumelo

el champiñón

palma

la palmera

mosquito

el mosquito

mosca

la mosca

formiga

la hormiga

abelha

la abeja

aranha

la araña

besouro

el escarabajo

sapo

la rana

esquilo

la ardilla

ouriço

el erizo

lebre

la liebre

coruja

la lechuza

pássaro

el pájaro

cisne

el cisne

javali

el jabalí

veado

el ciervo

alce

el alce

barragem

la presa

turbina eólica

la turbina eólica

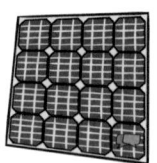

painel solar

el panel solar

clima

el clima

restaurante
el restaurante

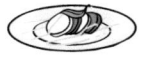

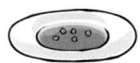

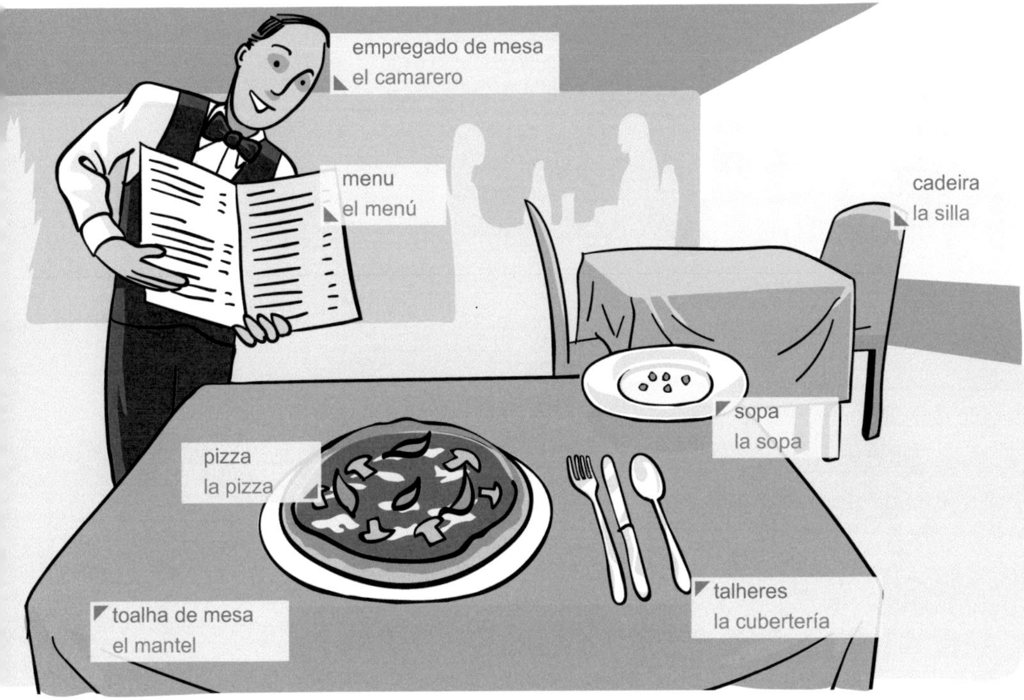
empregado de mesa
el camarero
menu
el menú
cadeira
la silla
sopa
la sopa
pizza
la pizza
talheres
la cubertería
toalha de mesa
el mantel

entrada

el primer plato

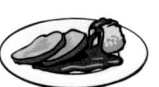

prato principal

el plato principal

sobremesa

el postre

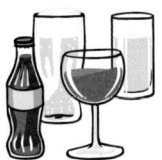

bebidas

las bebidas

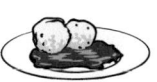

comida

la comida

garrafa

la botella

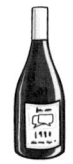

fast food

la comida rápida

comida de rua

la comida callejera

bule de chá

la tetera

açucareiro

el azucarero

porção

la porción

máquina de café expresso

la cafetera expreso

cadeira alta

la trona

conta

la cuenta

bandeja

la bandeja

faca

el cuchillo

garfo

el tenedor

colher

la cuchara

colher de chá

la cucharilla

guardanapo

la servilleta

copo

el vaso

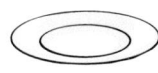

prato
el plato

prato de sopa
el plato hondo

pires
el platillo

molho
la salsa

saleiro
el salero

moinho de pimenta
el molinillo de pimienta

vinagre
el vinagre

óleo
el aceite

especiarias
las especias

ketchup
el ketchup

mostarda
la mostaza

maionese
la mayonesa

supermercado

el supermercado

oferta especial
la oferta especial
FOR
cliente
el cliente
laticínios
los lácteos
fruta
la fruta
carrinho de compras
el carro de compra

BUTCHERS

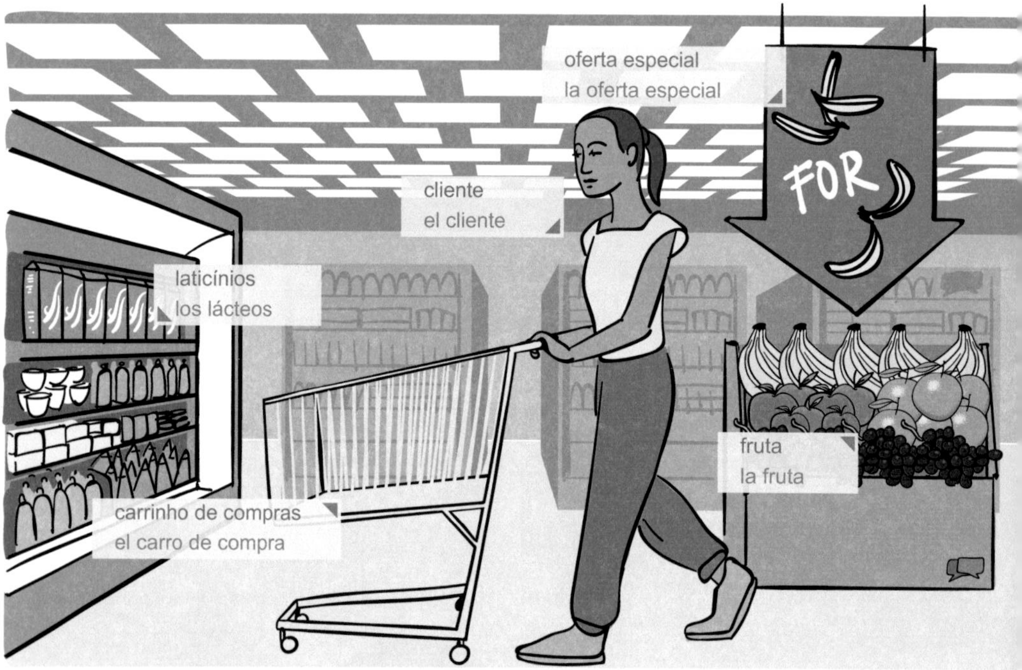

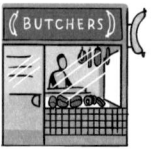

talho

la carniceria

BAKERY

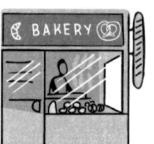

padaria

la panadería

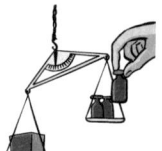

pesar

pesar

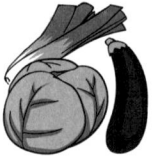

vegetais

las verduras

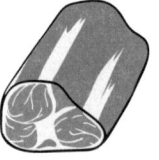

carne

la carne

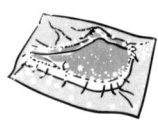

alimentos congelados

los alimentos congelados

charcutaria

los fiambres

comida enlatada

las conservas

detergente em pó

el detergente en polvo

doces

los dulces

artigos domésticos

productos de uso doméstico

produtos de limpeza

productos de limpieza

vendedora

la vendedora

caixa

la caja de cartón

caixa

el cajero

lista de compras

la lista de la compra

horário de funcionamento

el horario de atención al
público

carteira

la cartera

cartão de crédito

la tarjeta de crédito

saco

la bolsa de plástico

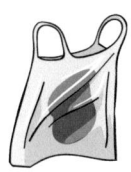

saco de plástico

la bolsa de plástico

água

el agua

sumo

el zumo

leite

la leche

coca-cola

la cola

vinho

el vino

cerveja

la cerveza

álcool

el alcohol

cacau

el cacao

chá

el té

café

el café

café expresso

el expreso

capuccino

el capuchino

banana

el plátano

maçã

la manzana

laranja

la naranja

melão

el melón

limão

el limón

cenoura

la zanahoria

alho

el ajo

bambu

el bambú

cebola

la cebolla

cogumelo

el champiñón

nozes

las avellanas

talharim

los fideos

esparguete

las espagueti

arroz

el arroz

salada

la ensalada

batatas fritas

las patatas fritas

batatas fritas

las patatas fritas

pizza

la pizza

hambúrguer

la hamburguesa

sanduíche

el sándwich

bife panado

el filete

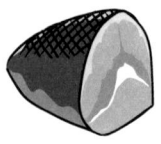

fiambre

el jamón

salame

le salami

salsicha

la salchicha

galinha

el pollo

assado

el asado

peixe

el pescado

flocos de aveia

los copos de avena

muesli

el muesli

flocos de milho

los copos de maíz

farinha

la harina

croissant

el cruasán

carcaça (pãozinho)

el panecillo

pão

el pan

torrada

la tostada

biscoitos

las galletas

manteiga

la mantequilla

requeijão

la cuajada

bolo

el pastel

ovo

el huevo

ovo estrelado

el huevo frito

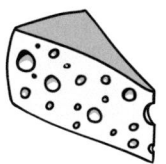

queijo

el queso

gelado

el helado

açúcar

el azúcar

mel

la miel

compota

la mermelada

creme de nougat

la crema de turrón

caril

el curry

quinta
la granja

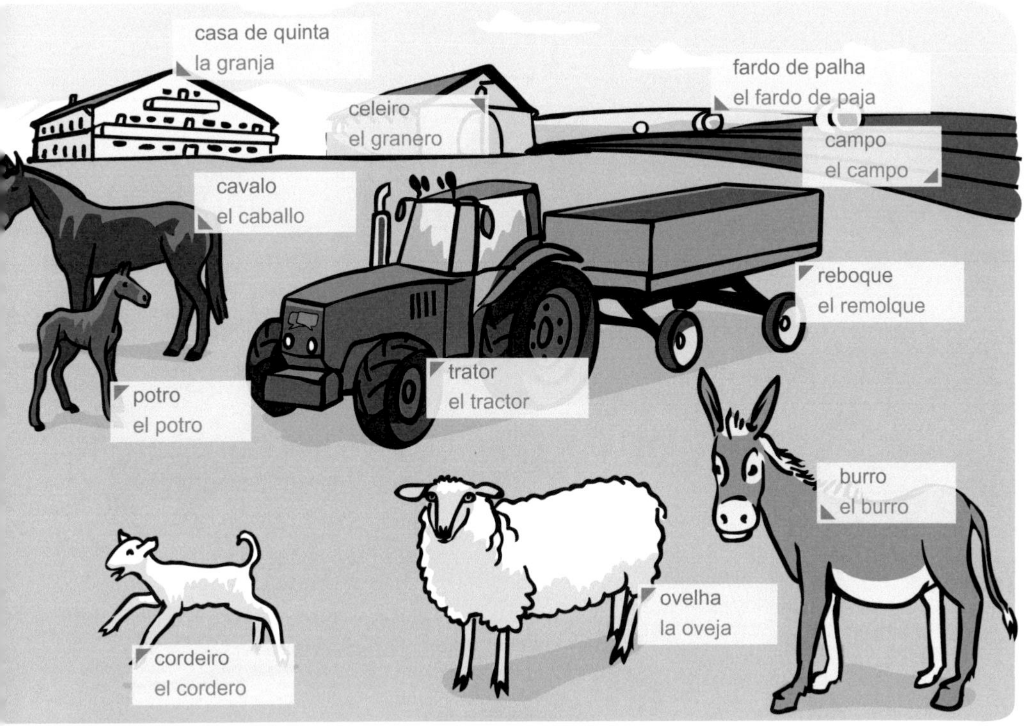

casa de quinta
la granja
celeiro
el granero
fardo de palha
el fardo de paja
campo
el campo
cavalo
el caballo
reboque
el remolque
trator
el tractor
potro
el potro
burro
el burro
ovelha
la oveja
cordeiro
el cordero

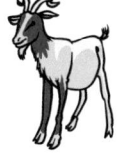

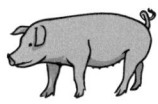

cabra

la cabra

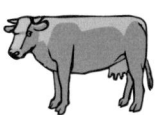

vaca

la vaca

bezerro

el ternero

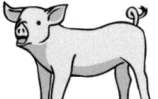

porco

el cerdo

leitão

el cerdito

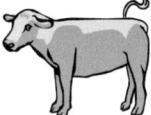

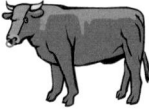

touro

el toro

ganso

el ganso

pato

el pato

pintaínho

el pollo

galinha

la gallina

galo

el gallo

ratazana

la rata

gato

el gato

rato

el ratón

boi

el buey

cão

el perro

casota

la perrera

mangueira de jardim

la manguera

regador

la regadera

foice

la guadaña

arado

el arado

foice

la hoz

enxada

la azada

forquilha

la horca

machado

el hacha

carrinho de mão

la carretilla

manjedoura

el abrevadero

jarro de leite

la lechera

saco

el saco

cerca

la valla

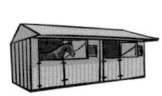

estábulo

el establo

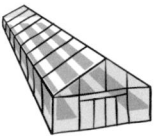

estufa

el invernadero

solo

el suelo

semente

la semilla

fertilizante

el fertilizador

ceifeira-debulhadora

la cosechadora

colher
....
cosechar

colheita
....
la cosecha

inhame
....
el ñame

trigo
....
el trigo

soja
....
el soja

batata
....
la patata

milho
....
el maíz

colza
....
la semilla de colza

árvore de fruto
....
el árbol frutal

mandioca
....
la mandioca

cereais
....
las cereales

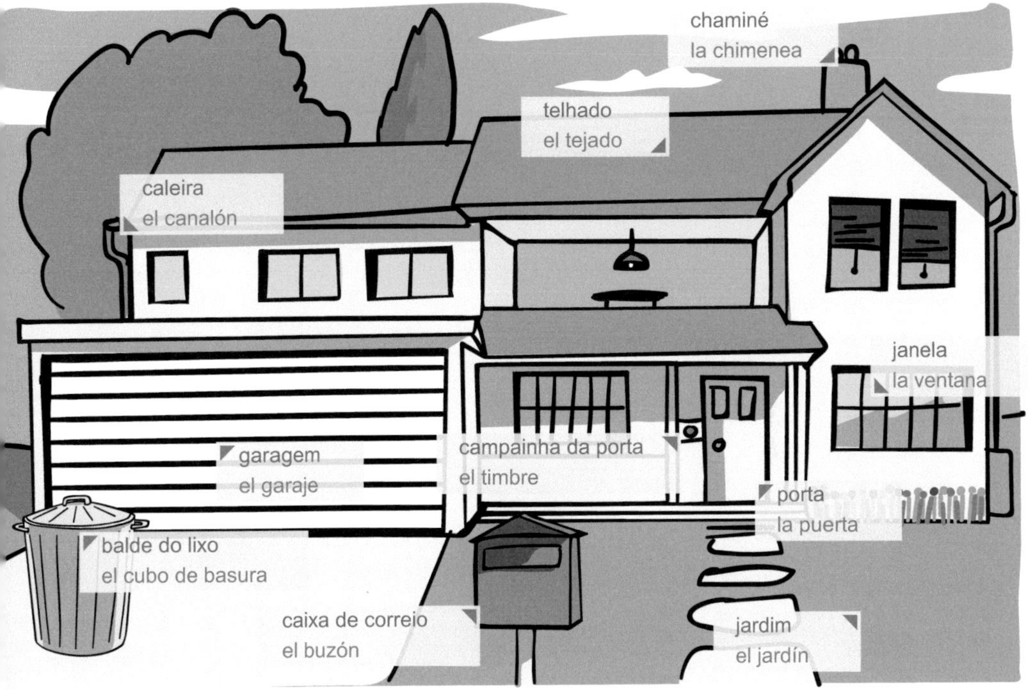

chaminé
la chimenea

telhado
el tejado

caleira
el canalón

janela
la ventana

garagem
el garaje

campainha da porta
el timbre

porta
la puerta

balde do lixo
el cubo de basura

caixa de correio
el buzón

jardim
el jardín

sala de estar

la sala

casa de banho

el cuarto de baño

cozinha

la cocina

quarto de dormir

el dormitorio

quarto de criança

la habitación de los niños

sala de jantar

el comedor

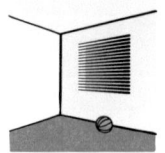

chão

el suelo

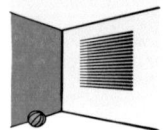

parede

la pared

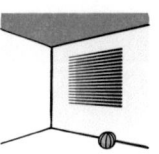

teto

el techo

cave

el sótano

sauna

la sauna

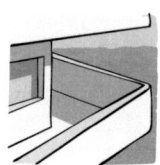

varanda

el balcón

terraço

la terraza

piscina

la piscina

máquina de cortar relvado

el cortacésped

lençol

la sábana

cobertor

la colcha

cama

la cama

vassoura

la escoba

balde

el balde

interruptor

el interruptor

sala de estar

la sala

papel de parede
el papel pintado
imagem
la imagen
lâmpada
la lámpara
prateleira
el estante
armário
el armario
televisão
la televisión
lareira
la chimenea
flor
la flor
almofada
el cojín
sofá
el sofá
vaso
el jarrón
controlo remoto
el mando a distancia

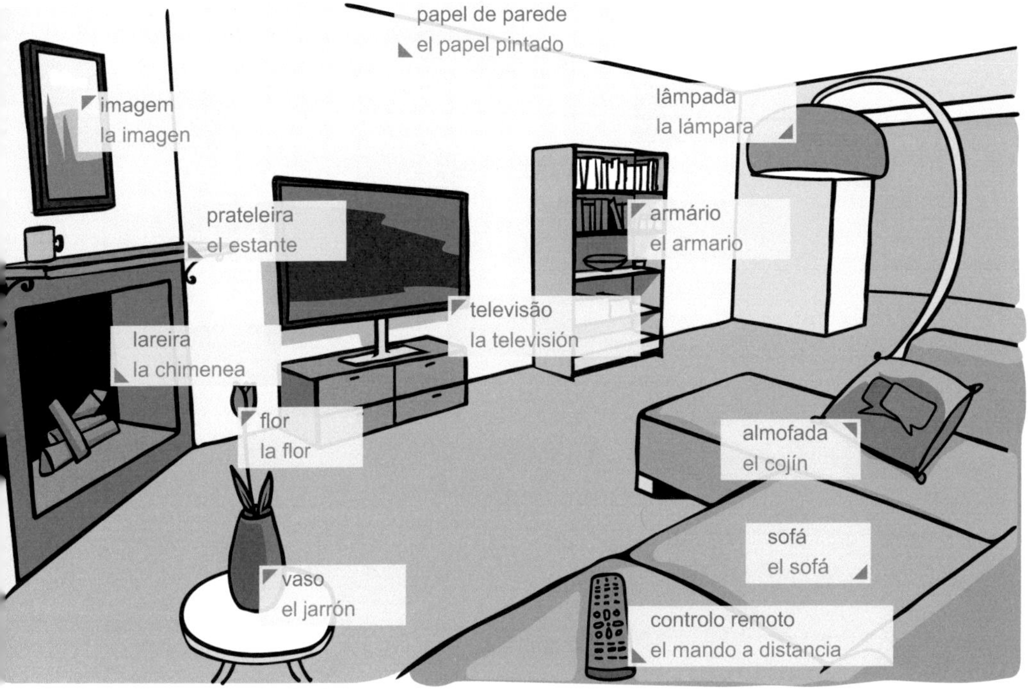

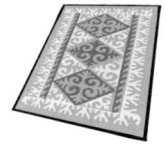

tapete

la alfombra

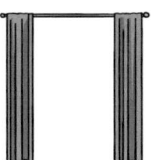

cortina

la cortina

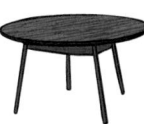

mesa

la mesa

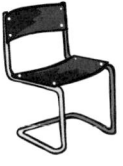

cadeira

la silla

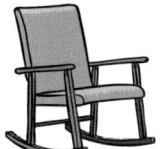

cadeira de baloiço

el mecedora

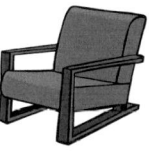

poltrona

la butaca

livro
el libro

cobertor
la manta

decoração
la decoración

lenha
la leña

filme
la película

sistema estéreo
el equipo de música

chave
la llave

jornal
el periódico

pintura
la pintura

póster
el póster

rádio
la radio

bloco de notas
el cuaderno

aspirador
la aspiradora

cato
el cactus

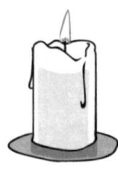

vela
la vela

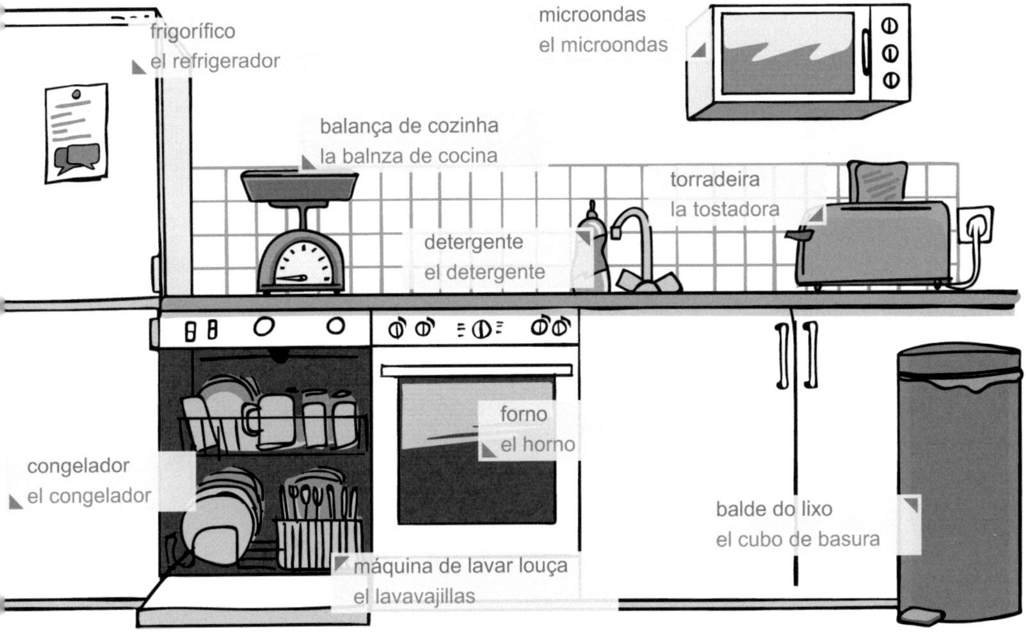

frigorífico
el refrigerador

microondas
el microondas

balança de cozinha
la balnza de cocina

torradeira
la tostadora

detergente
el detergente

forno
el horno

congelador
el congelador

balde do lixo
el cubo de basura

máquina de lavar louça
el lavavajillas

fogão

la olla a presión

panela

la olla

panela de ferro

la olla de hierro fundido

wok / kadai

el wok

frigideira

la cazuela

chaleira

el hervidor

panela a vapor

la vaporera

tabuleiro de forno

la chapa de horno

louça

la vajilla

caneca

la taza

tigela

el tazón

pauzinhos

los palillos

concha de sopa

el cucharón

espátula

la espumadera

batedor de claras

el batidor

escorredor

el colador

peneira

el cedazo

ralador

el rallador

almofariz

el mortero

churrasqueira

la barbacoa

lareira

la hoguera

tábua de cortar

la tabla de picar

rolo da massa

el rodillo

saca-rolhas

el sacacorchos

lata

la lata

abridor de latas

el abrelatas

luvas de forno

el agarrador

lava-loiça

el lavabo

escova

el cepillo

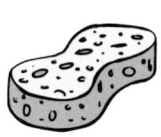

esponja

la esponja

liquidificador

la batidora

arca frigorífica

el congelador

biberão

el biberón

torneira

el grifo

casa de banho

el cuarto de baño

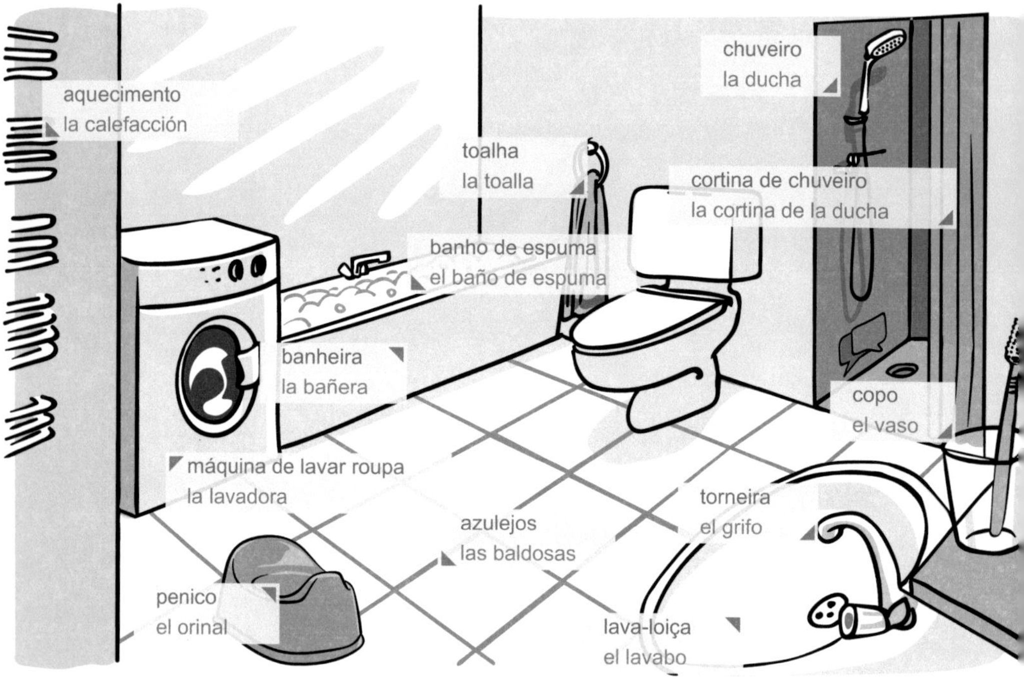

chuveiro
la ducha
aquecimento
la calefacción
toalha
la toalla
cortina de chuveiro
la cortina de la ducha
banho de espuma
el baño de espuma
banheira
la bañera
copo
el vaso
máquina de lavar roupa
la lavadora
torneira
el grifo
azulejos
las baldosas
penico
el orinal
lava-loiça
el lavabo

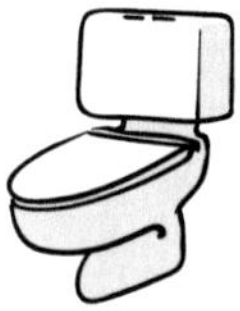

sanita

el inodoro

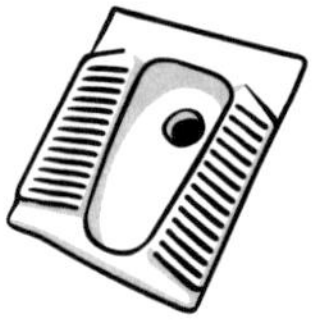

retrete turca

el inodoro rústico

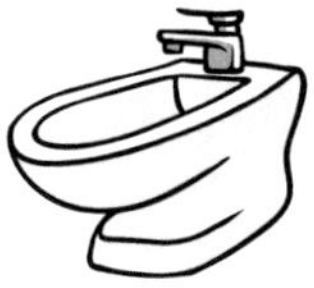

bidé

el bidé

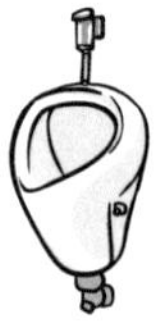

urinol

el urinario

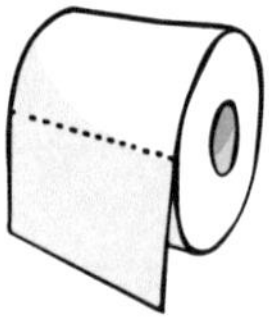

papel higiénico

el papel higiénico

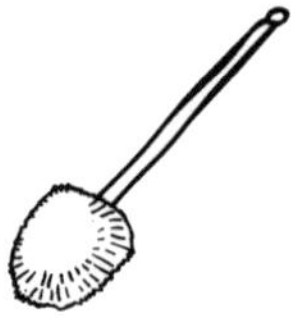

piaçaba

la escobilla del váter

escova de dentes

el cepillo de dientes

pasta de dentes

la pasta de dientes

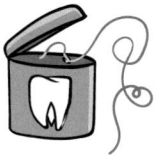

fio dentário

el hilo dental

lavar

lavar

chuveiro de mão

la ducha de mano

duche íntimo

la ducha íntima

bacia

la pila

escova para as costas

el cepillo de espalda

sabonete

el jabón

gel de banho

el gel de ducha

champô

el champú

toalha de rosto

la toallita

escoamento

el desagüe

creme

la crema

desodorizante

el desodorante

espelho

el espejo

espelho de mão

el espejo de tocador

máquina de barbear

la maquinilla de afeitar

creme de barbear

la espuma de afeitar

loção pós-barba

la loción postafeitado

pente

el peine

escova

el cepillo

secador de cabelo

el secador

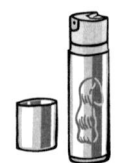

spray de cabelo

la laca

maquilhagem

el maquillaje

batom

el pintalabios

verniz de unhas

el pintauñas

algodão

el algodón

tesoura para unhas

el cortauñas

perfume

el perfume

nécessaire

el estuche de viaje

tamborete

la banqueta

balança

la balanza

roupão de banho

el albornoz

luvas de borracha

los guantes de goma

tampão

el tampón

penso higiénico

la compresa

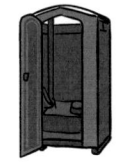

WC químico

el inodoro químico

quarto de criança

la habitación de los niños

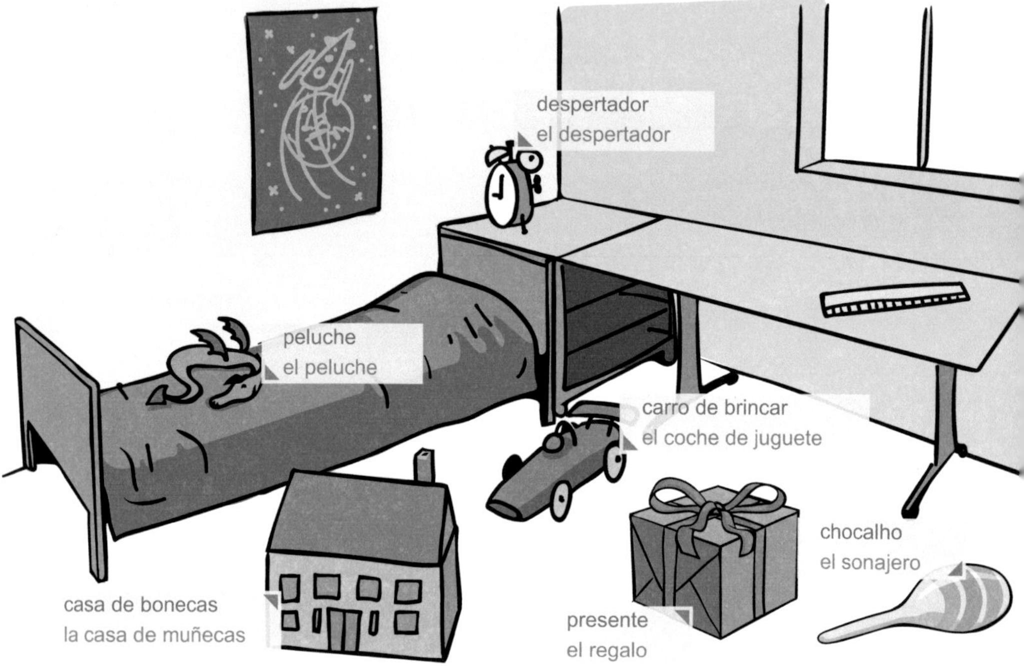
despertador
el despertador
peluche
el peluche
carro de brincar
el coche de juguete
chocalho
el sonajero
casa de bonecas
la casa de muñecas
presente
el regalo

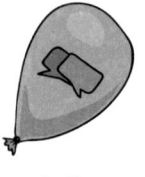

balão

el globo

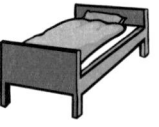

cama

la cama

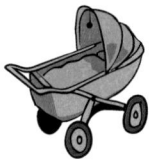

carrinho de bebé

el coche de niño

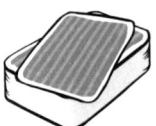

jogo de cartas

los naipes

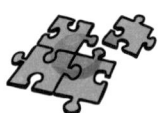

quebra-cabeças

el puzle

SUPER MEGA

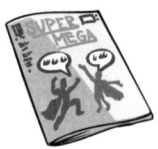

banda desenhada

el tebeo

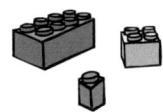

peças de Lego

las piezas de lego

blocos de construção

los bloques de juguete

figura de ação

la figura de acción

fato de bebé

el bodi (de bebé)

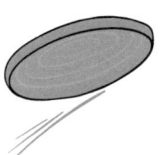

Frisbee

el frisbee

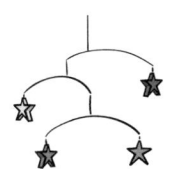

móbile para bebé

el colgador móvil para bebés

jogo de tabuleiro

el juego de mesa

dados

los dados

pista de comboio elétrico

el circuito de tren eléctrico

chupeta

el maniquí

festa

la fiesta

livro ilustrado

el álbum de fotos

bola

la pelota

boneca

la muñeca

jogar

jugar

caixa de areia

el cajón de arena

baloiço

el columpio

brinquedos

los juguetes

consola de jogos

la videoconsola

triciclo

el triciclo

ursinho de peluche

el oso de peluche

guarda-roupa

la guardarropa

vestuário

la ropa

meias

los calcetines

meias pelo joelho

las medias

meias-calças

los leotardos

cachecol
la bufanda

guarda-chuva
el paraguas

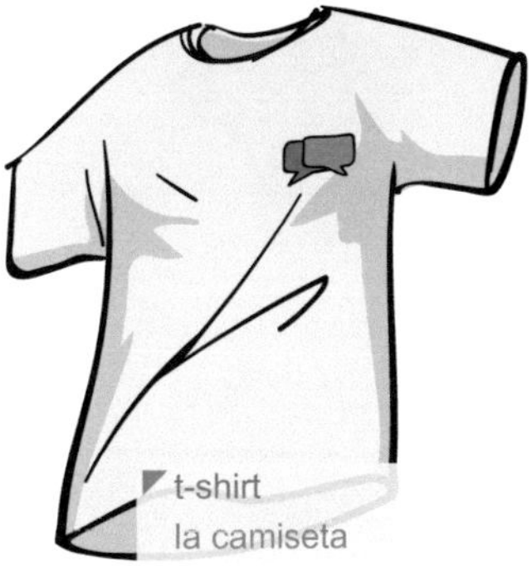

t-shirt
la camiseta

cinto
el cinturón

botas
las botas

chinelos
las zapatillas

sapatilhas
las deportivas

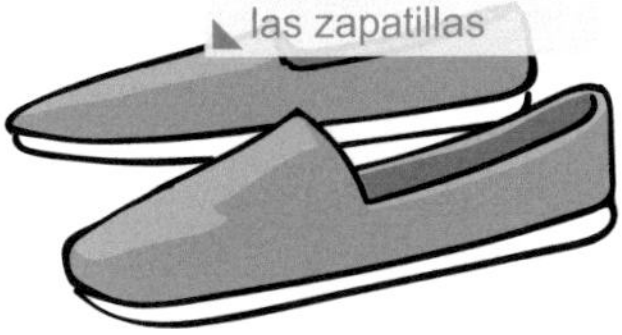

sandálias
las sandalias

sapatos
los zapatos

botas de borracha
las botas de goma

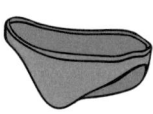

cuecas
el slip

sutiã
el sostén

camisola interior
el chaleco

body

el bodi

calças

los pantalones cortos

calças de ganga

los vaqueros

saia

la falda

blusa

la blusa

camisa

la camisa

pulôver

el jersey

camisola com capuz

el suéter

blazer

el blazer

casaco

la chaqueta

manto

el abrigo

gabardina

la gabardina

traje

el traje

vestido

el vestido

vestido de casamento

el vestido de novia

vestuário - la ropa

fato
el traje

camisa de dormir
el camisón

pijama
el pijama

sari
el sati

lenço de cabeça
el bandana

turbante
el turbante

burca
la burka

cafetã
el caftán

abaya
la abaya

fato de banho
el traje de baño

calções de banho
el bañador

calções
los pantalones cortos

fato de treino
el chándal

avental
el delantal

luvas
los guantes

botão

el botón

óculos

las gafas

pulseira

el brazalete

colar

el collar

anel

el anillo

brinco

el pendiente

boné

la gorra

cabide

la percha

chapéu

el sombrero

gravata

la corbata

fecho de correr

la cremallera

capacete

el casco

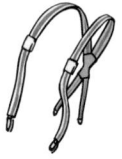

suspensórios

los tirantes

uniforme escolar

el uniforme

uniforme

el uniforme

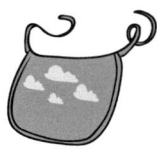

babete

el babero

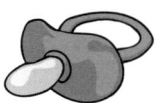

chupeta

el maniquí

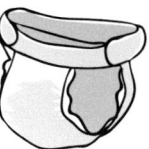

fralda

el pañal

escritório

la oficina

servidor
el servidor
armário de arquivo
el archivo
papel
el papel
impressora
la impresora
ecrã
el monitor
rato
el ratón
secretária
el escritoria
pasta
la carpeta
teclado
el teclado
cesto de lixo
la papelera
computador
el ordenador
cadeira
la silla

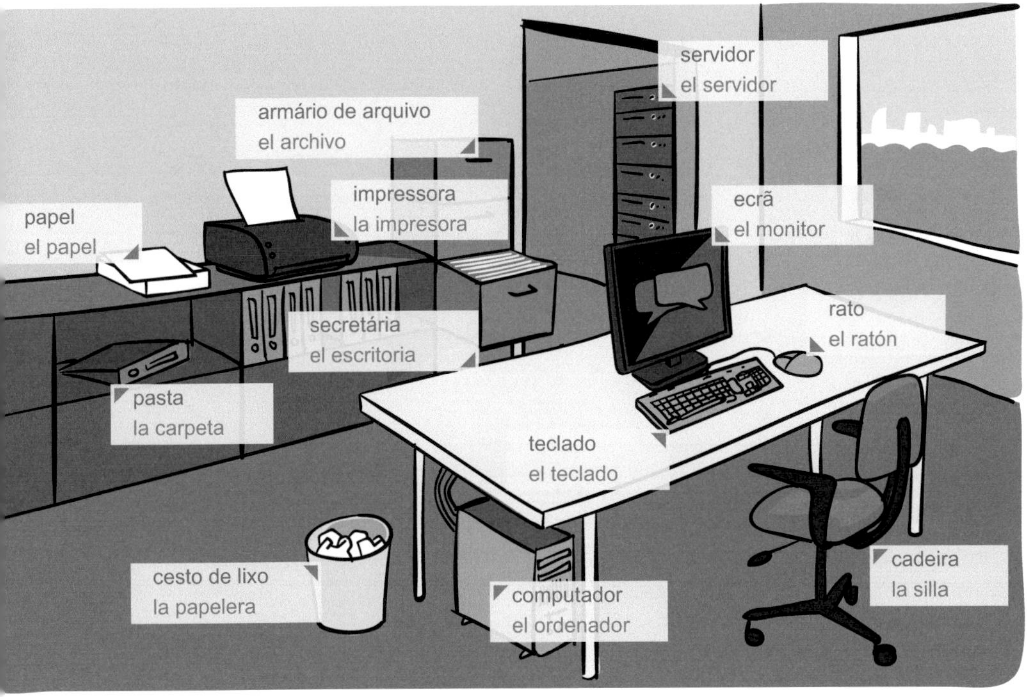

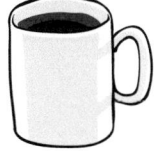

caneca de café

la taza de café

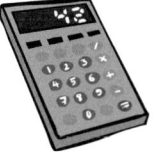

calculadora

la calculadora

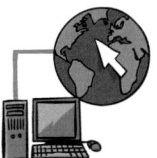

internet

el internet

computador portátil

el portátil

carta

la carta

mensagem

el mensaje

telemóvel

el móvil

rede

la red

fotocopiadora

la fotocopiadora

software

el software

telefone

el teléfono

tomada elétrica

la toma de corriente

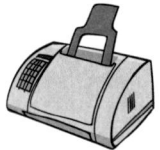

fax

el fax

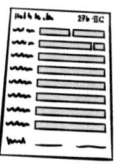

formulário

el formulario

documento

el documento

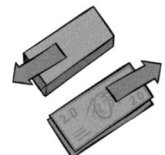

comprar
comprar

pagar
pagar

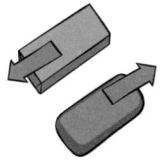

negociar
comerciar

dinheiro
el dinero

dólar
el dólar

euro
el euro

yen
el yen

rublo
el rublo

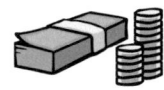

franco suíço
el franco suizo

renminbi yuan
el renminbi yuan

rupia
la rupia

caixa de multibanco
el cajero automático

casa de câmbio

la oficina de cambio de divisas

ouro

el oro

prata

la plata

petróleo

el petróleo

energia

la energía

preço

el precio

contrato

el contrato

imposto

el impuesto

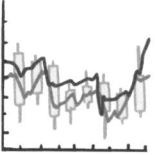

ação

la acción

trabalhar

trabajar

empregado

el empleador

entidade patronal

el empleador

fábrica

la fábrica

loja

la tienda de campaña

profissões
los oficios

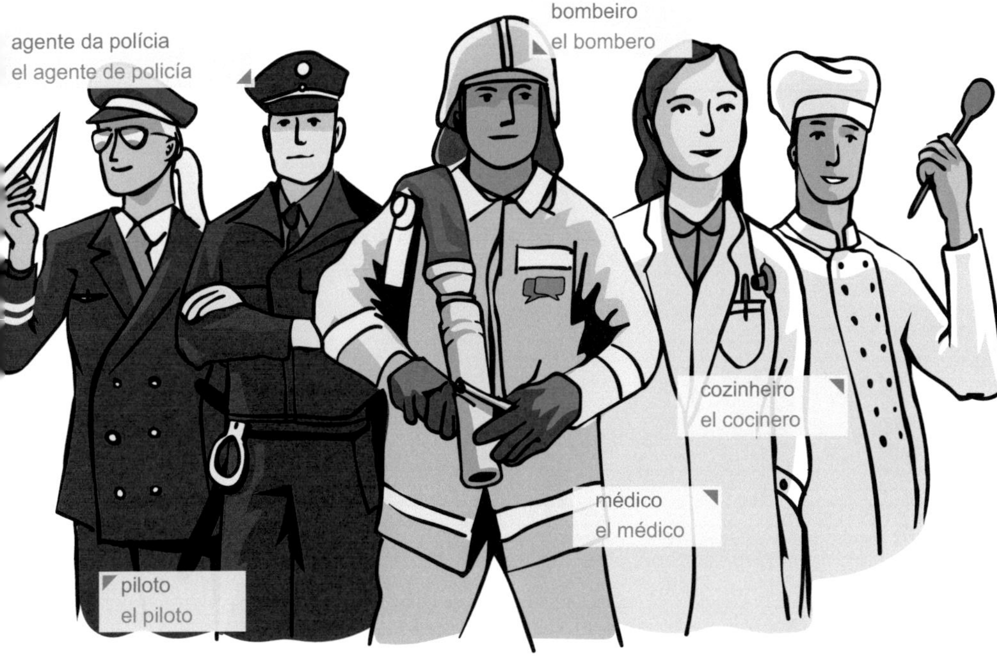

agente da polícia
el agente de policía
bombeiro
el bombero
cozinheiro
el cocinero
médico
el médico
piloto
el piloto

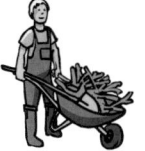

jardineiro

el jardinero

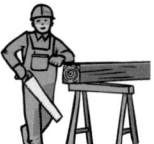

carpinteiro

el carpintero

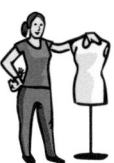

costureira

la costurera

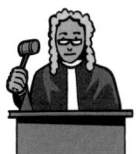

juiz

el juez

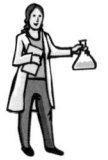

químico

el farmacéutico

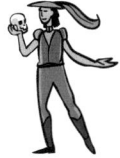

ator

el actor

motorista de autocarro

el conductor de autobús

motorista de táxi

el taxista

pescador

el pescador

empregada de limpeza

la señora de la limpieza

telhador

el techador

empregado de mesa

el camarero

caçador

el cazador

pintor

el pintor

padeiro

el panadero

eletricista

el electricista

construtor

el obrero

engenheiro

el ingeniero

talhante

el carnicero

canalizador

el fontanero

carteiro

el cartero

soldado

el soldado

arquiteto

el arquitecto

caixa

el cajero

florista

el florista

cabeleireiro

el peluquero

controlador de bilhetes

el revisor

mecânico

el mecánico

capitão

el capitán

dentista

el dentista

cientista

el científico

rabino

el rabino

imã

el imán

monge

el monje

pastor

el sacerdote

ferramentas

las herramientas

alicate
los alicates
martelo
el martillo
chave de fendas
el destornillador
chave inglesa
la llave
lanterna
la linterna

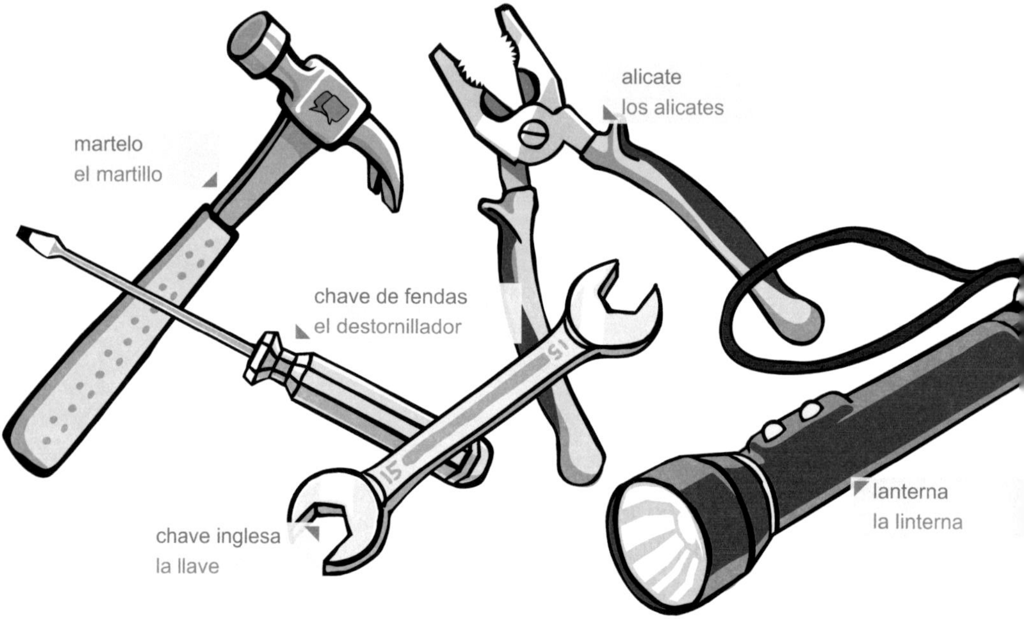

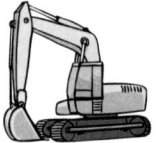

escavadora

la excavadora

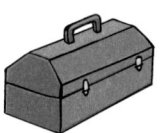

caixa de ferramentas

la caja de herramientas

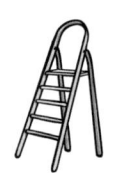

escadote

la escalera de mano

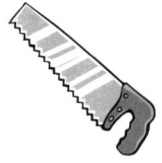

serra

la sierra

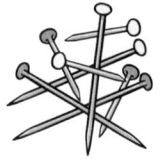

pregos

los clavos

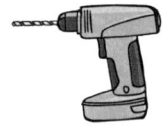

broca

el taladro

reparar
reparar

pá
la pala

porcaria!
¡Maldita sea!

pá de lixo
el recogedor

pote de tinta
el bote de pintura

parafusos
los tornillos

instrumentos musicais
los instrumentos musicales

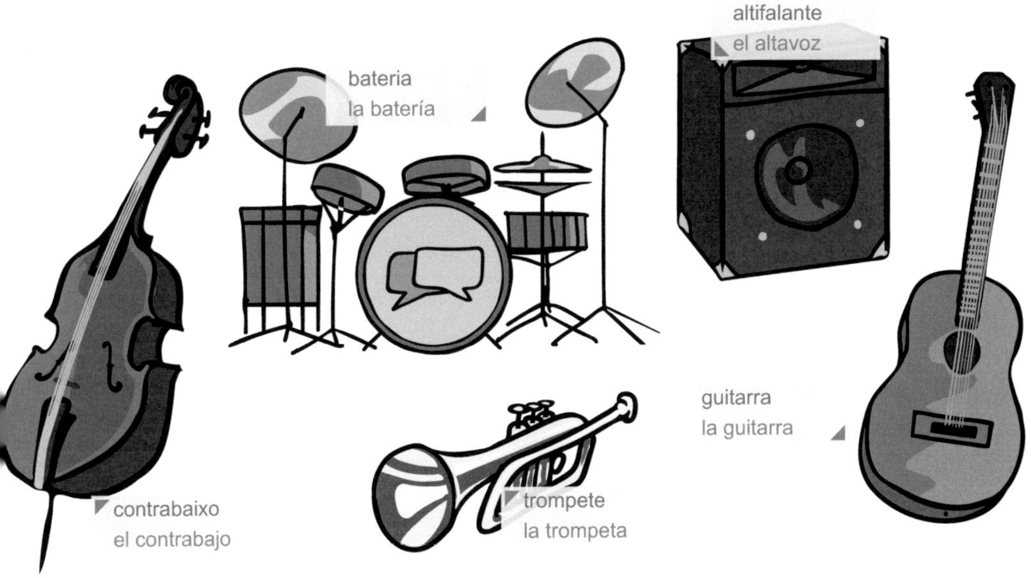

altifalante
el altavoz

bateria
la batería

guitarra
la guitarra

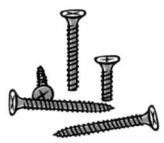

contrabaixo
el contrabajo

trompete
la trompeta

piano

el piano

violino

el violín

baixo

bajo

timbales

los timbales

tambor

el tambor

teclado

el teclado

saxofone

el saxofón

flauta

la flauta

microfone

el micrófono

jardim zoológico
el zoo

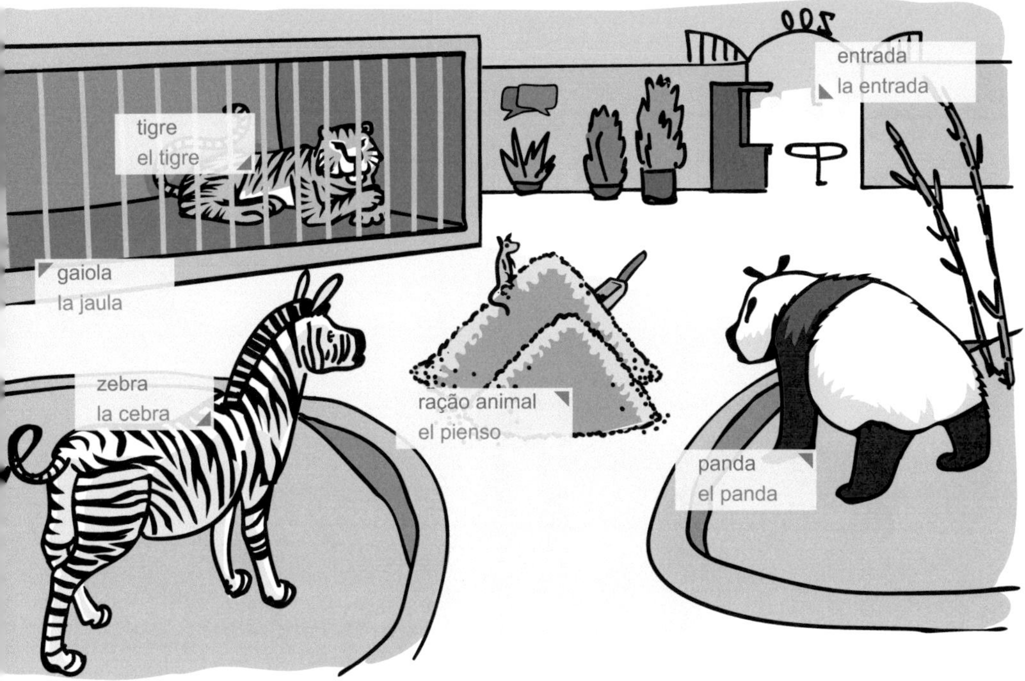
entrada
la entrada
tigre
el tigre
gaiola
la jaula
zebra
la cebra
ração animal
el pienso
panda
el panda

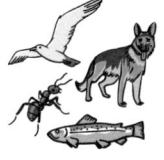

animais
los animales

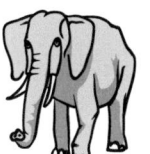

elefante
el elefante

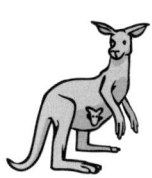

canguru
el canguro

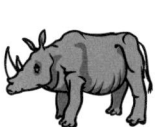

rinoceronte
el rinoceronte

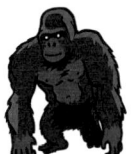

gorila
el gorila

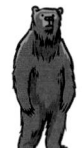

urso
el oso

camelo

el camello

avestruz

el avestruz

leão

el león

macaco

el mono

flamingo

el flamingo

papagaio

el loro

urso polar

el oso polar

pinguim

el pingüino

tubarão

el tiburón

pavão

el pavo real

cobra

la serpiente

crocodilo

el cocodrilo

guarda do jardim zoológico

el guardián de zoológico

foca

la foca

jaguar

el jaguar

pónei

el poni

leopardo

el leopardo

hipopótamo

el hipopótamo

girafa

la jirafa

águia

el águila

javali

el jabalí

peixe

el pescado

tartaruga

la tortuga

morsa

la morsa

raposa

el zorro

gazela

la gacela

futebol americano
el fútbol americano

ciclismo
el ciclismo

ténis
el tenis

basquetebol
el baloncesto

natação
la natación

boxe
el boxeo

hóquei no gelo
el hockey sobre hielo

futebol
el fútbol

badminton
el bádminton

atletismo
el atletismo

andebol
el balonmano

esqui
el esquí

polo
el polo

atividades
las actividades

saltar
saltar
abraçar
abrazar
rir
reír
andar
caminar
cantar
cantar
sonhar
soñar
rezar
rezar
beijar
besar

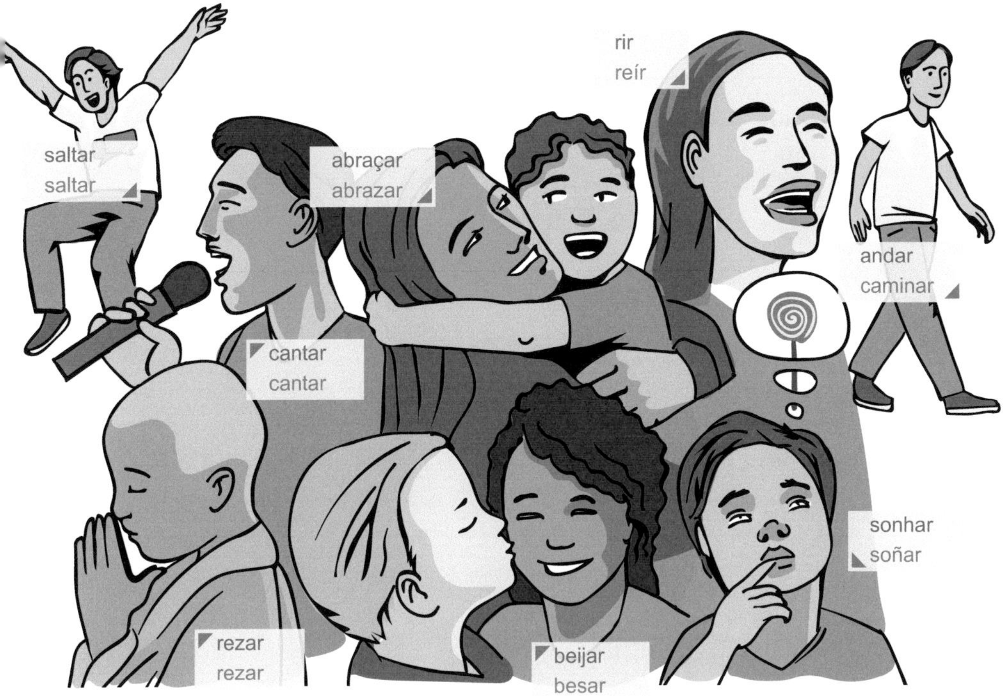

escrever

escribir

desenhar

dibujar

mostrar

mostrar

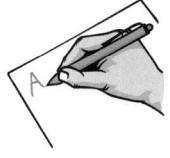

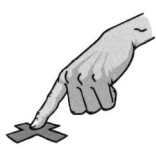

empurrar

empujar

dar

dar

tomar

tomar

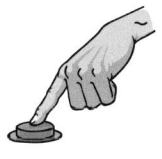

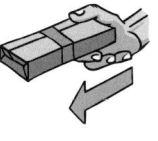

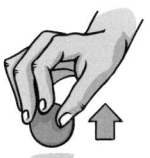

ter
tener

fazer
hacer

ser
ser

ficar de pé
estar de pie

correr
correr

puxar
tirar

remessar
tirar

cair
caer

deitar
yacer

esperar
esperar

carregar
llevar

sentar
estar sentado

vestir
vestirse

dormir
dormir

acordar
despertar

olhar para

mirar

chorar

llorar

acariciar

acariciar

pentear

peinar

falar

hablar

compreender

entender

perguntar

preguntar

ouvir

escuchar

beber

beber

comer

comer

arrumar

ordenar

amar

amar

cozinhar

cocinar

conduzir

conducir

voar

volar

velejar

navegar

calcular

calcular

ler

leer

aprender

aprender

trabalhar

trabajar

casar

casarse

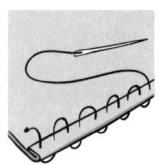

costurar

coser

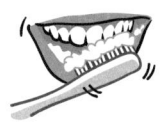

escovar os dentes

cepillarse los dientes

matar

matar

fumar

fumar

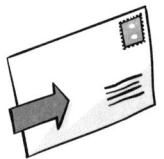

enviar

enviar

família
la familia

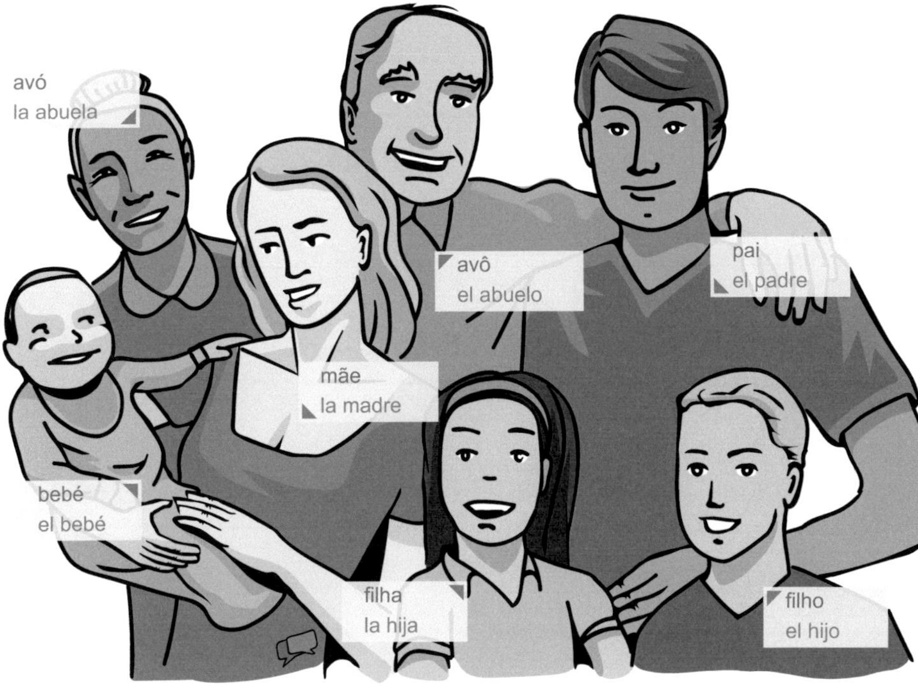

avó
la abuela
avô
el abuelo
pai
el padre
mãe
la madre
bebé
el bebé
filha
la hija
filho
el hijo

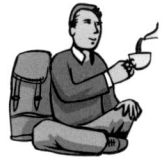

convidado

el invitado

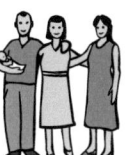

tia

la tía

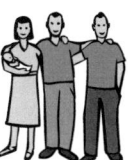

tio

el tío

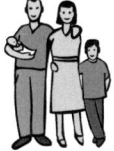

irmão

el hermano

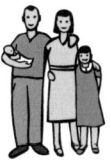

irmã

la hermana

corpo
el cuerpo

testa
la frente
olho
el ojo
ombro
el hombro
dedo
el dedo
cara
la cara
queixo
la barbilla
mão
la mano
perna
la pierna
peito
el pecho
braço
el brazo

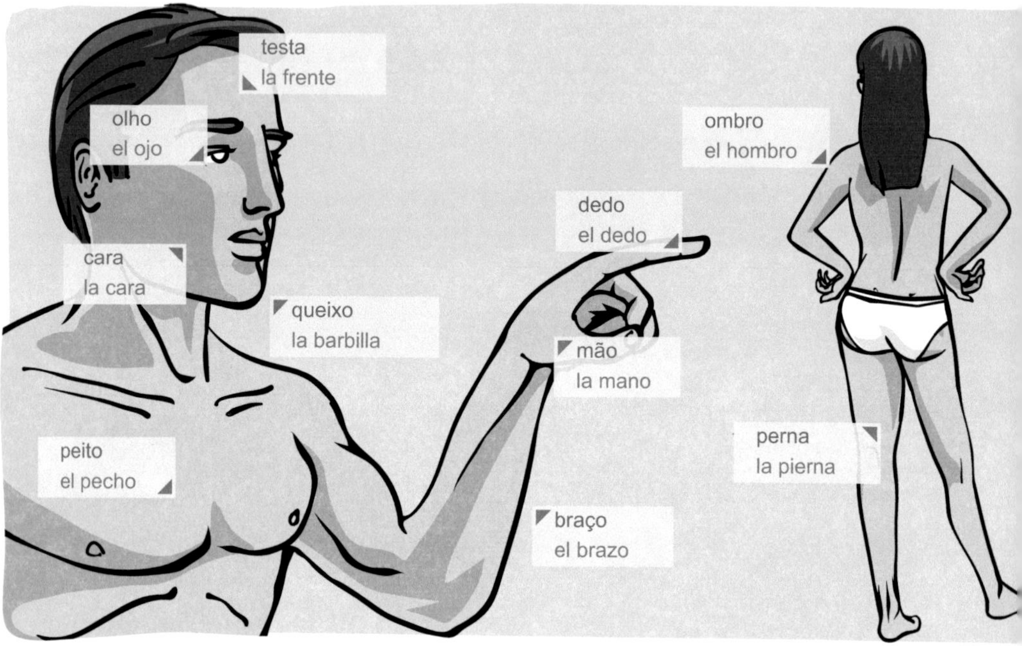

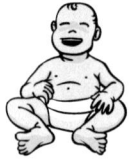

bebé el bebé	homem el hombre	mulher la mujer
menina la chica	menino el chico	cabeça la cabeza

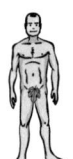

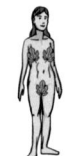

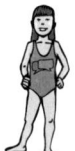

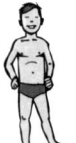

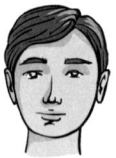

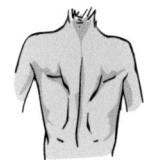

costas

la espalda

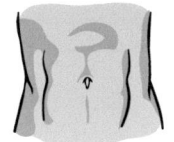

barriga

el vientre

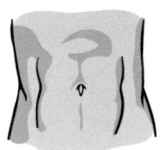

umbigo

el ombligo

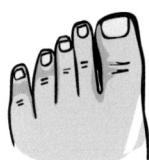

dedo do pé

el dedo del pie

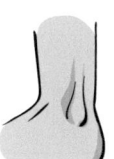

calcanhar

el talón

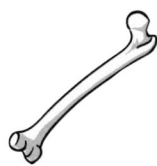

osso

el hueso

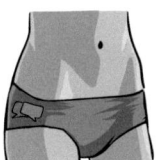

anca

la cadera

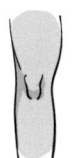

joelho

la rodilla

cotovelo

el codo

nariz

la nariz

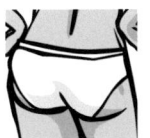

nádegas

el trasero

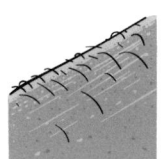

pele

la piel

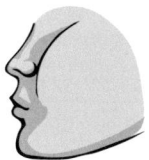

bochecha

la mejilla

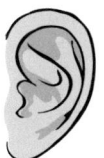

orelha

el oído

lábio

el labio

boca

la boca

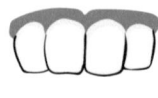

dente

el diente

língua

la lengua

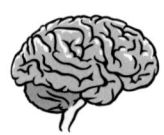

cérebro

el cerebro

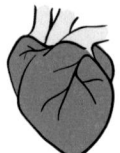

coração

el corazón

músculo

el músculo

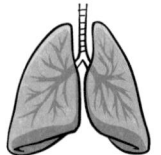

pulmão

el pulmón

fígado

el hígado

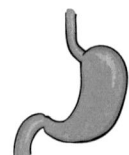

estômago

el estómago

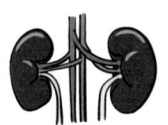

rins

los riñones

relações sexuais

el sexo

preservativo

el condón

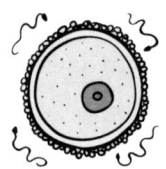

óvulo

el ovario

esperma

el semen

gravidez

el embarazo

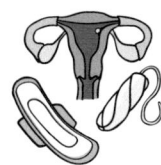

menstruação
·················
la menstruación

vagina
·················
la vagina

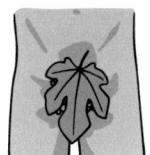

pénis
·················
el pene

sobrancelha
·················
la ceja

cabelo
·················
el pelo

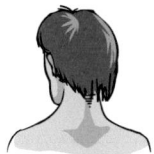

pescoço
·················
el cuello

hospital
el hospital

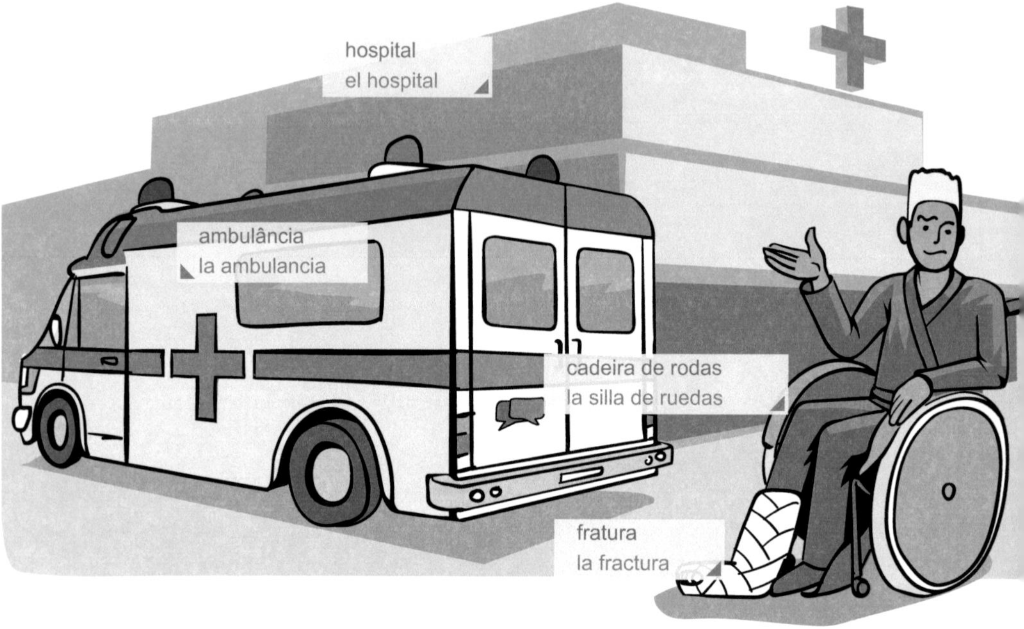

hospital
el hospital
ambulância
la ambulancia
cadeira de rodas
la silla de ruedas
fratura
la fractura

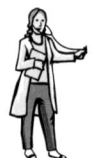

médico
el médico

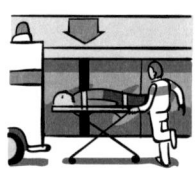

serviço de urgências
la sala de urgencias

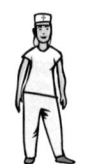

enfermeira
la enfermera

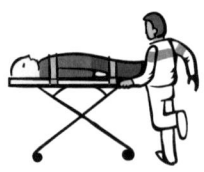

emergência
la urgencia

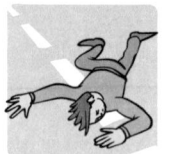

inconsciente
inconsciente

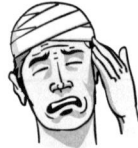

dor
el dolor

ferimento

la lesión

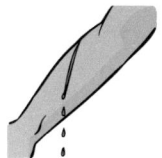

hemorragia

la hemorragia

ataque cardíaco

el infarto

acidente vascular cerebral

el ictus

alergia

la alergia

tosse

la tos

febre

la fiebre

gripe

la gripe

diarreia

la diarrea

dor de cabeça

el dolor de cabeza

cancro

el cáncer

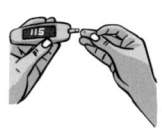

diabetes

la diabetes

cirurgião

el cirujano

bisturi

el bisturí

operação

la operación

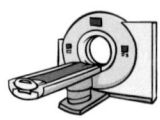

CT
TAC

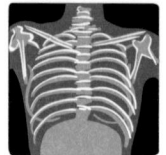

raio x
los rayos x

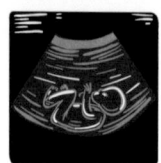

ultrassom
el ultrasonido

máscara
la mascarilla

doença
la enfermedad

sala de espera
la sala de espera

muleta
la muleta

penso rápido
la tirita

ligadura
la venda

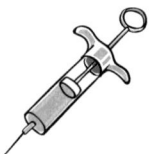

injeção
la inyección

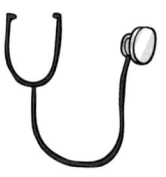

estetoscópio
el estetoscopio

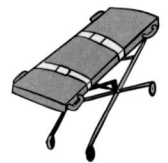

maca
la camilla

termómetro
el termómetro

nascimento
el nacimiento

excesso de peso
el sobrepeso

aparelho auditivo

el audífono

desinfetante

el desinfectante

infeção

la infección

vírus

el virus

HIV / SIDA

VIH / SIDA

medicamento

la medicina

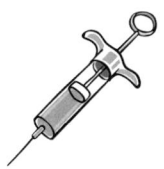

vacinação

la vacunación

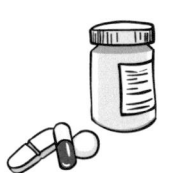

comprimidos

las tabletas

pílula

la pastilla

chamada de emergência

la llamada de urgencia

dispositivo de medição de
pressão arterial

el tensiómetro

doente / saudável

enfermo / sano

Socorro!

¡Socorro!

alarme

la alarma

assalto

el asalto

ataque

el ataque

perigo

el peligro

saída de emergência

la salida de emergencia

Fogo!

¡Fuego!

extintor de incêndios

el extintor de incendios

acidente

el accidente

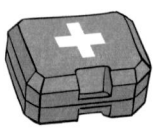

estojo de primeiros socorros

el botiquín de primeros auxilios

SOS

SOS

polícia

la policía

Europa

Europa

América do Norte

Norteamérica

América do Sul

Sudamérica

África

África

Ásia

Asia

Austrália

Australia

Atlântico

el atlántico

Pacífico

el Pacífico

Oceano Índico

el Océano Índico

Oceano Antártico

el Océano Antártico

Oceano Ártico

el Océano Ártico

Polo Norte

el polo norte

Polo Sul

el polo sur

Antártica

La Antártida

terra

la tierra

país

la tierra

mar

el mar

ilha

la isla

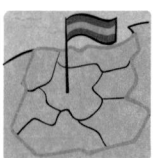

nação

la nación

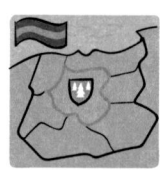

estado

el estado

mostrador do relógio

la esfera

ponteiro das horas

la manecilla de las horas

ponteiro dos minutos

el minutero

ponteiro dos segundos

el segundero

Que horas são?

¿Qué hora es?

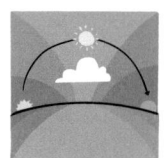

dia

el día

tempo

el tiempo

agora

ahora

relógio digital

el reloj digital

minuto

el minuto

hora

la hora

segunda-feira
lunes

quarta-feira
miércoles

sexta-feira
viernes

quinta-feira
martes

sábado
sábado

quinta-feira
jueves

domingo
domingo

ontem

ayer

hoje

hoy

amanhã

mañana

manhã

la mañana

meio-dia

el mediodía

entardecer

la tarde

dias úteis

los días laborables

fim de semana

el fin de semana

chuva
la lluvia

arco-íris
el arcoíris

vento
el viento

neve
la nieve

primavera
la primavera

outono
el otoño

verão
el verano

inverno
el invierno

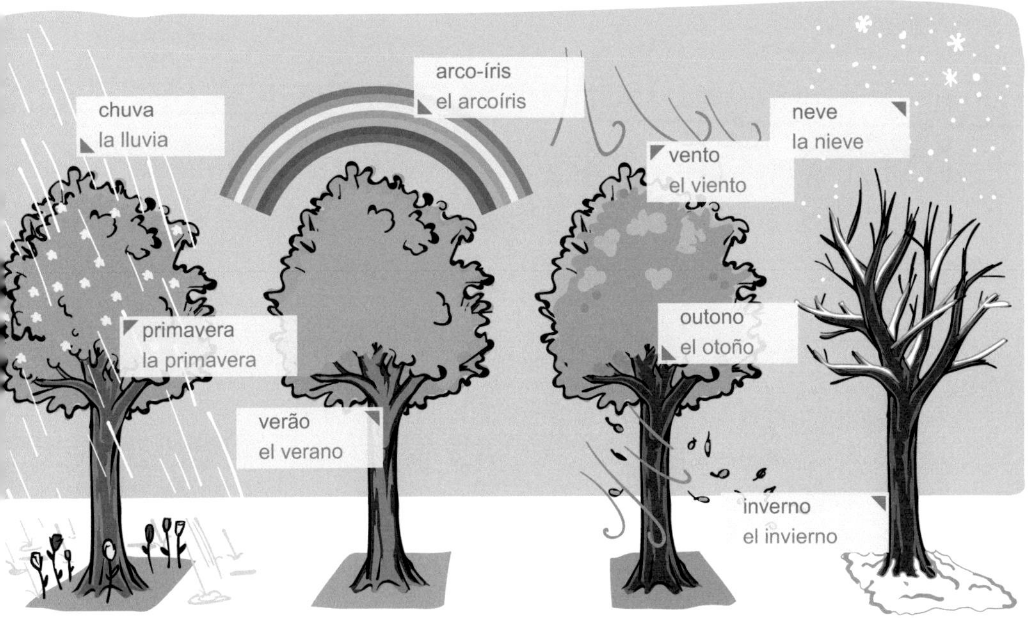

previsão do tempo

el pronóstico del tiempo

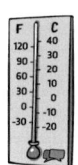

termómetro

el termómetro

raios de sol

el sol

nuvem

la nube

neblina / nevoeiro

la niebla

humidade do ar

la humedad

relâmpago

el rayo

trovão

el trueno

tempestade

la tormenta

granizo

el granizo

monção

el monzón

inundação

la inundación

gelo

el hielo

janeiro

enero

fevereiro

febrero

março

marzo

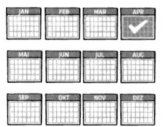

abril

abril

maio

mayo

junho

junio

julho

julio

agosto

agosto

setembro

septiembre

outubro

octubre

novembro

noviembre

dezembro

diciembre

formas

las formas

círculo

el círculo

quadrado

el cuadrado

retângulo

el rectángulo

triângulo

el triángulo

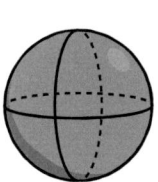

esfera

la esfera

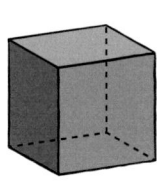

cubo

el cubo

branco

blanco

amarelo

amarillo

laranja

anaranjado

rosa

rosa

vermelho

rojo

lilás

morado

azul

azul

verde

verde

castanho

marrón

cinzento

gris

preto

negro

muito / pouco

mucho / poco

furioso / calmo

enojado / tranquilo

lindo / feio

bonito / feo

princípio / fim

principio / fin

grande / pequeno

grande / pequeño

claro / escuro

claro / oscuro

irmão / irmã

el hermano / la hermana

limpo / sujo

limpio / sucio

completo / incompleto

completo / incompleto

dia / noite

el día / la noche

morto / vivo

muerto / vivo

largo / estreito

ancho / estrecho

comestível / não comestível

comestible / no comestible

mau / gentil

malo / amable

entusiasmado / entediado

entusiasmado / aburrido

gordo / magro

gordo / delgado

primeiro / último

primero / último

amigo / inimigo

el amigo / el enemigo

cheio / vazio

lleno / vacío

duro / macio

duro / blando

pesado / leve

pesado / ligero

fome / sede

el hambre / la sed

doente / saudável

enfermo / sano

ilegal / legal

ilegal / legal

inteligente / burro

inteligente / tonto

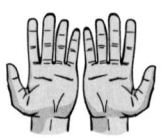

esquerda / direita

izquierda / derecha

perto / longe

cerca / lejos

novo / usado

nuevo / usado

nada / algo

nada / algo

velho / jovem

viejo / joven

ligado / desligado

encendido / apagado

aberto / fechado

abierto / cerrado

baixo / alto

silencioso / ruidoso

rico / pobre

rico / pobre

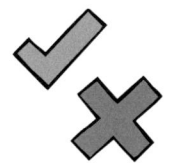

certo / errado

correcto / incorrecto

áspero / liso

áspero / suave

triste / feliz

triste / contento

curto / longo

corto / largo

lento / rápido

lento / rápido

molhado / seco

húmedo / seco

ameno / fresco

cálido / frío

guerra / paz

guerra / paz

0

zero

cero

1

um

uno

2

dois

dos

3

três

tres

4

quatro

cuatro

5

cinco

cinco

6

seis

seis

7

sete

siete

8

oito

ocho

9

nove

nueve

10

dez

diez

11

onze

once

12

doze
doce

13

treze
trece

14

catorze
catorce

15

quinze
quince

16

dezasseis
dieciséis

17

dezassete
diecisiete

18

dezoito
dieciocho

19

dezanove
diecinueve

20

vinte
veinte

100

cem
cien

1.000

mil
mil

1.000.000

milhão
el millón

inglês
el inglés

inglês americano
el inglés americano

chinês mandarim
el chino madarín

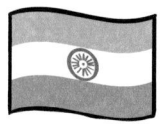

hindi
el hindi

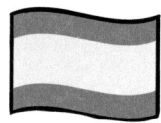

espanhol
el español

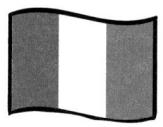

francês
el francés

árabe
el árabe

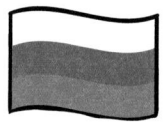

russo
el ruso

português
el portugués

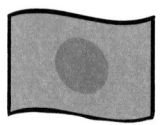

bengalês
el bengalí

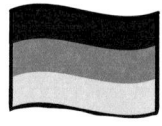

alemão
el alemán

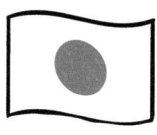

japonês
el japonés

eu
yo

tu
tú

ele / ela
él / ella / ello

nós
nosotros/as

vós
vosotros/as

eles / elas
ellos/as

quem?
¿quién?

o quê?
¿qué?

como?
¿cómo?

onde?
¿dónde?

quando?
¿cuándo?

nome
el nombre

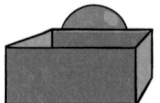

atrás

detrás

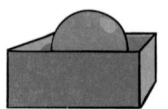

em

en

à frente de

delante de

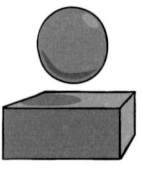

sobre

por encima de

em cima

sobre

debaixo

debajo de

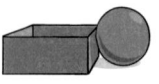

ao lado

junto a

entre

entre

lugar

el lugar